JN437961

풀잎에
스미는 초록 빗방울

풀잎에 스미는 초록 빗방울

초판 1쇄 | 2016년 7월 20일
저 자 | 류금선 시인
펴 낸 이 | 차영미
편 집 | 디자인그룹 여우비

펴 낸 곳 | 서정문학
등록번호 | 제324-2014-000060
등록일자 | 2008. 3. 10
주 소 | 서울시 강동구 풍성로 136, 삼성아파트상가동 115호
전 화 | 02-720-3266
팩 스 | 0505-115-3266

홈페이지 | http://cafe.daum.net/seojungmunhak.com
이 메 일 | sjmh11@hanmail.net

ISBN 978-89-94807-49-2 03810
정가 10,000원

국립중앙도서관 출판예정도서목록(CIP)

풀잎에 스미는 초록 빗방울 : 류금선 시집 / 저자: 류금선.
-- 서울 : 서정문학, 2016
p. ; cm

표제관련정보: 봄비의 향연이 가득한 감성 시집
ISBN 978-89-94807-49-2 03810 ₩10000

한국 현대시[韓國現代詩]

811.7-KDC6
895.715-DDC23 CIP2016016494

봄·비·의 ·향·연·이·가·득·한·감·성·시·집

풀잎에 스미는 초록 빗방울

류금선 시집

도서출판 서정문학

시인의 말

작년 여름 불의에 사고로 오랫동안 투병 생활을 하다 다시 새 생명을 얻은 마음으로 두 번째 시집을 내놓게 되었다. 첫 시집을 낸지가 엊그제 같았는데 그새 세월은 6년이 되었다. 항상 마음은 젊고 모든 일에 최선을 다 하며 열심히 살아 왔지만, 산다는 것이 꼭 내 마음처럼 되지 않았다. 그저 주어진 삶에 순응하다보니 얻는 것이 있으면 잃는 것도 많았다. 내가 잃은 것이 있다면 그건 변변치 못한 글을 쓴답시고 이웃과 친구와 좀 더 가까이 할 수 없었던 것이 가장 큰 아쉬움이다. 마음은 항상 같이하고 있었지만, 몸이 따라주지 못해 마주 앉아 웃고 즐길 수 있는 시간을 만들지 못했다는 점이다.

그나마 다행인 것은 내 부족함을 남편한테 의지하고 좋은 이웃 좋은 친구들과 시간을 쪼개어 함께 할 수 있었다는 것이다. 아마 그조차 없었다면 이웃과 더 소원疏遠해 졌을 것이다 오랜 세월 함께 해 온 끈끈한 정으로 뭉쳐진 사람들이 내 재산이고 기쁨이다. 항상 부족하고 더 좋은 모습을 보여 주지 못한 점 너그러이 이해해 주길 바라는 마음이다.

그동안 모아 놓은 글은 조금밖에 되지 않아 겨우 300편 되는 詩 중에서 가다듬었다.

시집 제목은 내 글 속에 있는 글귀에서 여러 개를 빼내어 그중에서 '풀잎에 스미는 초록 빗방울' 로 하게 되었다. 특히 아직도 건강하지 못해서 병원 문턱을 떠날 날이 없는 것을 생각하면 모든 게 귀찮아질 때도 있었지만 내 건강관리까지 도맡아 주는 남편과 아들 덕분에 그나마 용기를 내며 하루하루를 살아가고 있으니 생각해 보면 모든 게 감사 감사이다. 일에만 몰두하느라고 아직 결혼을 늦추고 있는 아들이 좋은 사람 만나 결혼해 주길 바라는 마음이고 나를 아끼는 모든 사람과 두 번째 시집을 함께 나누고 싶다.

해련 류금선

|차례|

제2부 나를 꾸짖은 날

제3부 가족이 있어

제4부 이웃과 함께

제5부 문학기행

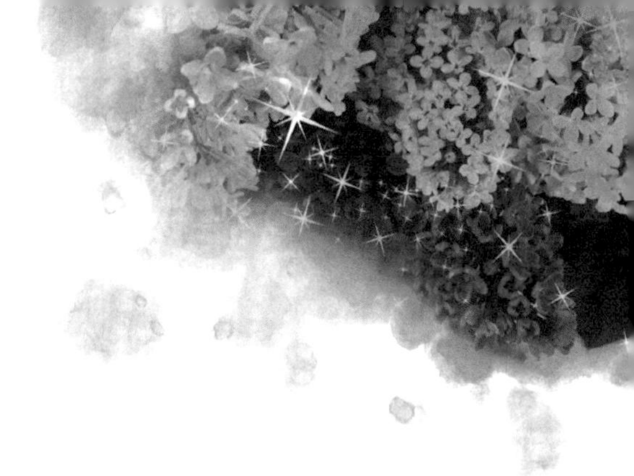

제1부 라일락 향기처럼

인연

따스한 만남으로 승화되던
고운 인연은 어디에서 왔을까
시공時空을 초월한
사랑이 흐르고
하이얀 미소로
마음과 마음이 하나되던 우리
정다운 이름만으로도
설레임 가득한 기쁨
간혹 지루한 일상이 이어질 때
진하디 진한 대추차
환한 불빛 한 잔이
향기로 스며드는 행복의 언어들.

(차와 나무숲에서)

연꽃

진흙탕에 뿌리 내리고도
오물에 물들지 않은
고고한 그대 모습
선홍빛 아름다움은
천상의 웃음이어라
이슬방울에도 젖지 않는
꼿꼿한 몸가짐은
피 끓이던 날의 울음소리를
안으로만 피워낸 깨달음
방울방울 눈을 뜬
연화세계 그대가 보인다.

낙엽 비

애처로히
이별을 준비하더니
길바닥에 널브러진 채
춥고 외롭다 하네

차가운 바람이
불 때마다
휘날리는 낙엽비

바스락 거리는
서러운 소리
옛 기억을 긁어대는
차가운 선율

햇빛 스친 자리도 시려서
허물 벗은 나무 밑으로
겹겹이 쌓이는
섬뜩한 아픔

詩를 향하여

새벽마다 달그락거리는
가슴 안에서
내재된 음률로 만나고 싶어

잘 차려진 밥상처럼
진솔한 맛과 느낌을
자음과 모음의 색깔로
자극하고 싶어

설거지를 하고 청소를 하는 것도
꿈과 희망을 소통으로 품는 시간
오고 가는 길목에서
듣고 보이는 모든 것들이
조각으로 모아지면
알록달록한 글귀
그대가 내가 되고
내가 그대가 되는 여정

가을바람

숲 길을 거닐다가
지그시 몸을 낮추면
눈에 보이지 않는 가을 소리
내 등을 타고 흐르는데

구멍 숭숭 뚫린
낙엽은
어떤 사연이 있을까

오동나무 텅빈 속처럼
허망한 가슴
계절을 바꾸기 위해
찬 비를 몰고 오는
바람의 붉은 흐느낌

능소화

외줄 넝쿨
담장을 휘어 감고
나라님 오시는가
까치발로 오르는 마음
그 누가 아시는지
모르시는지

임 그리운 마음
점점이 그리며
수많은 날
귀를 쫑긋거린
한 많은 여인의 향기
기다림의 세월로 핀
꽃 중의 꽃

개망초

척박한 땅, 개천가에
아무렇게나 내버려두고
보듬어 주는 이 하나 없어도
하얗게 일어선다
구박둥이처럼
"개" 자를 붙여주어도
참한 바람에 희망을 깨워
몸 비비는 순박한 이름

노을지는 들녘
맑고 말간 얼굴
가슴 맞대고 섰는 슬픔이
외롭지 않다.

가을 여인

코스모스 꽃길에도
곱게 물든 단풍에도
그대가
어느새 와 있어
혼자라도 외롭지 않네

어둠속에서도
빛으로 오는 그대이기에
가으내 눈길을 멈추지 못하고
서성이던 것은

언제나 내가 그대를
그대가 나를 향해 있기에
오늘도 꿈속에서 꿈을 꾸듯
그대 사랑을 키우고 있네.

라일락 향기처럼

은은하고 품위있는
보랏빛 향기

차마 만져보기조차 조심스런
웃음으로 다가온
주렁 주렁 향기 주머니
부끄럼 없이 나를 열어 보인 만큼
사랑하고 싶구나

삶은 가끔 열병으로 앓아누워도
세상을 밝혀주는
그대 영혼의 향기를 기억하며
견딜 수 있음을 배운다

이내 몸
작은 가슴에다 꽃씨 하나 심고
진솔한 마음 하나로

고운 향기 피워낼 수 있다면
선 채로 나무가 되어도 좋겠다.

벚꽃 호수에서

둥그런 호수길 따라
흐드러진 벚꽃

한창 제 자랑이라
조용히 흐느끼는 바람에
꽃비가 내리고
연인들의 설레는 눈웃음
벚꽃을 닮았다

퇴근길 세 식구
석천호수 나들이는
아들이 때를 잘 맞춘
소중한 시간

롯데월드 4층 대장금 식당
갈비구이 정식은
더욱 듬직하고 맛깔스러워
열심히 추억을 만들어 주는 아들

예쁜 마음과 어울린 분위기
가슴에 환상곡으로 스며든다.

(2015. 4. 9)

소요산

가끔 만나는 삼총사
소요산 가을 나들이길
하얀 귀밑머리도
풍경 속에 젖어든다

때를 알아 저토록
붉게 물든 산하
가을에 취하고
우정에 취한 시간

국화축제까지 덤으로 누리니
저절로 탄성이 나온다.

오래전 소요산 소풍에서 찍은
흑백 사진의 아련한 내 모습이
숲 속 오솔길
저만치에서 걸어온다
좋은 친구들과

함께 한 추억의 시간들이

바람결에 묻어 있다.

(2013. 10. 31)

첫눈2

꿈속에서 만난 그대
내가 잠든 사이
아무도 모르게 오셨군요
언제나 그때처럼
처음인 것처럼 설레입니다

온통 하얀 풍경
오늘처럼 그대를 만나면
그대 그리움의 체취로
환희에 빠져들고 맙니다
상큼하고 포근한
하얀 떨림으로
항상 꿈꾸고 싶습니다

떠나가는 계절 속
창밖 그리움
바람 서글피 우는 날도
홀로 견딤을 배웠습니다

짧은 만남
곧 헤어져야 하지만
그대는 첫사랑이자
마지막 사랑처럼
자국마다 숨 죽인 얘기가
묻혀 있습니다.

석촌호수에서

간밤에 내린 촉촉한 봄비가
우리들의 만남을
투명한 시간으로 이끌었다
처음 구경하는 석촌호수
짧은 시간이었지만
나의 세포에 안개처럼
스며들던 푸근함

살아가는 존재만으로
하나가 될 수 있었던 힘
눈에 보이지 않게 물들은 정이
겸손으로 쌓여 우리만의 특별한
향기로 다가왔다

물결처럼 남실대는
님들의 마음이
눈빛으로 은은히 다가와
속 깊은 인연으로 이어질 때

낯설던 세월의 오솔길이

하나 둘 보이기 시작했다.

(2011.4.30 카페 회원들과)

남이섬

죽은 듯 살아있는 것 같이
그냥 조용하고 조그마한 섬
38년 전 피서를 갔을 때만 해도
즐비한 안내팻말 없이도
침대 튜브를 타고 수영을 즐기던 곳

그 야트막한 흔적은 어디로 가고
깊어진 강물에 몇 배로 불어난 배가
줄 서 있는 많은 사람을 실어날라
우리 사람보다 외국인이
더 많은 관광지가 되었다

청솔모는 사람을 무서워하지 않고
나무를 오르내리며
던져주는 과자도 맛있다고 냠냠

은행나무가 노랗게 옷을 입고
나를 기다려줄 거라 생각했는데

잎은 다 떨어지고 쭉 뻗은 나무 사잇길에
낮익은 바람을 햇살이 덮어주는 오후
눈 시린 단풍이 피어있었네
눈여겨 보지 않아도 모두들 빛나는 모습

겨울 연가의 남녀 주인공 사진 앞에서
추억을 남기려 몰려든 관광객 행렬 사이
무채색의 웃는 모습들이 유영을 하고 있다.

꽃박람회

말로만 듣던 일산 호수공원
아들에 이끌린 고양 국제 꽃박람회
넓은 호수
꽃배를 타고 둥둥
잠시나마 모든 시름 잊으니
바람에 흘러드는 물내음도
꽃향기에 젖는다

전 세계의 모든 정원을
일시에 옮겨 놓은 듯
헤아릴 수 없는
정경과 가득한 꽃향기

저마다 말랑말랑 봄 햇살 속
그 위용을 자랑할 때
가족과 함께하는 시간
파라다이스가 따로 없다
오랜만에 여유를 느끼며

고요하게 내 안을
다듬어 보는
잇몸 간지러운 행복.

(2015. 5. 5)

가을 일기

가을엔 그리움으로 물든
빨간 사과가 되고 싶다

사랑한다는 말을 들을수록
내 마음속에 사랑열매
포도알처럼 영글은
그의 목소리와 그리운 눈빛

잔잔히 다가오는 어스름 저녁엔
한 잎 떨어지는 낙엽에도
함께 걸어줄 당신 그리워

피어나는 들국화 꽃 웃음으로
그대 마음 속으로 들어가고 싶다.

내가 사랑하는 나라

초록별 수많은 나라 중
내가 태어나고 나를 키워준
어머니 되고 아버지가 되는 나라
단군 자손의 웅지를 가지고
또다시 용트림 하는 날 있으리니
한라산에서 백두산까지
손에 손 잡고 이땅을 노래할 날 있으리니

남북 8천만 겨레여 우리는
동방의 빛으로서 다시 빛나야 한다
한 핏줄 뜨거운 바람되어 불어야 한다
이 시대는 우리의 것이므로.

(2012. 9. 8 독립공원 시화전에서_대한민국 순국선열 유족회)

청평

눈부시게 햇살 뜨거운 날
청평안전 유원지에서
비키니 수영복으로
여름을 맞이하던
물놀이의 추억

난생처음 수영복의 첫선
수줍음이 내 안에서
용기로 발산된 것은
하늬바람 같은 그대 때문일거야

둘만이라 조금은 아쉽고
친구가 있었으면 했지만
밤하늘의 미리내처럼
아름다운 미래를 우린 꿈꾸었지

지금은 그대와 내가
오랜 세월 속에

그리운 중년이 되어
추억으로
그곳에 머물고 있네.

제2부 나를 꾸짖은 날

감기

불덩이가 온몸을
헤집고 다닌다
뼈마디 마디마다
찔러대는 바늘이
날카롭다

가슴 속 이간질
갈라지는 기침 소리는
가위 눌린 영혼을 향해
뛰쳐나가야 한다고
내 안에서 아우성이다

구멍 숭숭 뚫린 마음에
바람 소리 시려 와도
꽃물 들이고픈 열정
실한 들녘 풀꽃으로
일어서고 싶다.

희망사항

인생의 파도를 넘고
때론 우울한 먹구름에
촛점 잃은 동공이지만
마음 밭 풍성한 삶을 위해
내 안에 깃발을 높이 세워야지

울안에 갇혔어도
하늘을 향한 열정이라
희망 하나
글 밭으로 위안을 삼으며
옹이진 매듭을 풀어야지

다친 마음 시어로 어루 만지며
그 아픈 자리마다
맑고 싱그러운 이슬
초록 향기로
더 깊은 사유의 꿈을 채워야지.

새해 소망

세월은 부지런해서
게으름을 모르는데
뒤처지는 걸음을 두고
평범한 일상 작은 것에
의미를 찾는다

시작을 잘해야 끝도 빛나는 법
내 마음처럼 움직여 주지 않는
모진 삶이라도 해도
늘 푸른 소나무처럼
희망을 키워본다

새롭게 감사히 주어진 시간
서로 복을 빌어주는 새해 새 아침
떠오르는 일출의 황홀함으로
새 문을 열고 겸허한 마음으로
살게 하소서
아픔 끝에서도 웃음이 머무는
한 해가 되게 하소서.

삶이란 그런 거

세상에 모든 사람들의 일상이
똑같다고 한다면 무슨 재미일까
기억의 길목 헤진 솔기마다
불규칙한 삶의 공전궤도
지난 시간은 훌훌 털어 버리고
세상 흐름 따라
하루하루를 최선으로 살아가야
등짐에 날개도 달리지만
유순히 길들일 수 없는 여정이야.

악성코드

매일 같이 쏟아지던 스팸메일
그놈은 제목이 꼭 영문이다
처음엔 몰라서 열었지만
두번 속지 않는다
스팸 신고로 수신차단이다
그래도 어디서 날아오는지
매일같이 꼬부랑 글씨로
한두 개 아니면 서너 개
누가 이기나보자
끝까지 밀어부쳤다

누가 일부러 악성코드 만들어
피해를 주려는 걸 거야
얼굴없는 사람 의심하기
일 년은 되었다
어느날부터 멈추어버린
군더더기 같이 찝찝하던 그것
이젠 더이상 오지 않는다

앓던 이 빠진 것 처럼
속이 다 시원하다
온 세상 오프세상
모두 다 마약성분이 들썩인다.

일탈

세월은 계절대로
온통 아름다운 것들로
가슴을 채우라고 하는데

내 안에 나를 열면
조막 조막한 상념들이
부스스 일어난다

만남과 헤어짐이
둘이 아니고 하나임을
고백하는 시간이면
일탈을 꿈꿔 본다

일상을 벗어나
그저 바람처럼
떠돌고 싶을 때

슬프도록
나를 버리고 싶다.

불혹不惑

갑자기 고개 드는 외로움
서른 때 마흔 생각하면 무슨 재미
나이 들수록 지금보다 젊었을 때
그때가 좋았다고
기억하고 싶은 거지

더러는 작은 들꽃 한 송이
소중해서 감동하며
삶을 어디에다 놓을까
근심 없는 시간 붙잡고
바람처럼 살아갈 수밖에

생활에 변화도 어렵고
이루어 놓은 것 없어도
세월은 그저 쉽게
흐르는 대로 살라지만
가을의 절정
마지막 몸짓이 아프다.

시어詩語

싸늘한 길모퉁이
초록 바람이
회색빛으로 뒹군다

퍼뜩 떠오르던 시어가
잠시 방심하는 순간
색안경을 끼고
빙글빙글 도망가 버린다

집안에서나
직장에서나
잠자리에서나
떠다니는 것들을
잡으려는 열망
모닥불처럼 타들어가는 심장에
불나비들.

새야

하늬바람* 타고
날아가는 새야
어디든지 가고 싶은 곳
다 갈 수 있으니 좋겠다
하루하루 변해가는
가을이 한창인 때에
계곡이며 나무를
오르내리는 부러운 새야

꽃잎에 매달린 그리움
어룽어룽 묻어나는 기억
싸늘한 침묵만 남겨둔 채
그대처럼 가을엔 떠나 보고 싶다
부족하고 바쁜 일상에
세월 가는 풍경이 그리워도
떠나지 못하는 나는
그대 만도 못한가 보다.

* 하늬바람 :서풍

마음밭

그래 그래
두 가지를 다 얻을 수는 없지
하나를 얻으면 하나는 잃을 수 있는
사람 사는 이야기들

때로는 서로 마주 보며 웃고
때로는 모나게 굴 때도 있지만
자아에 대한 물음표를
씹다 버리는 그릇된 습관

혼돈으로 가기보다는
매연 없는 정신세계
그 향 그 바람이 포근히 안겨들 때
울퉁불퉁 관절이 저려와도
내 의식의 밑바닥
나의 마음 밭을 가꾸어 가는 행복
그게 삶의 은유이지.
(이웃과 자주 만날수 없는 현실)

단풍잎

내가 그를 사랑한 것처럼
곱고 투명한 가을이
내 곁으로 다가와
허전한 가슴
슬픈 표정으로
나의 가슴을 적셔온다

내가 그를 그리워한 것처럼
어느 날 문득
단 한 번에 물들여진 그리움
"스쳐 지나는 바람일지라도
슬프게 사랑한다" 는 말이
눈빛으로 다가온다

나의 등을 토닥여 주던
지난 여름의 기억
바람결에 떨어지는 단풍잎 하나
그렁그렁 스미는 눈망울로
자꾸 말을 건넨다.

우정

오랫동안
만나는 그리움을 간직했기에
무작정 마음 하나로
달려오는 거야

일상에선 반복되는 공간이
때로는 지루하기도 했지만
고달픈 세상살이 시시콜콜 가정사까지
편안한 마음으로 나눌 수 있기에

가슴에 쌓였던 일상
훌훌 털어내면
가장 착하게 승화되어
깔깔대는 웃음꽃으로
넉넉해지는거야

흐르는 세월 속에
아름다운 삶의 동반자

알알이 영근
한결같은 사랑이 우리의 활력소
하늘이 가져다 준 인연.

(2014. 02. 18 벗에게)

불협화음

오랜 세월 가슴 저미던 상흔
다시 도진 상처에 진물이 흐르는
미움과 사랑 어긋나는 화음

조각조각 바스러진 심령
목구멍에 걸린 서러움
지우면 지울수록
땅도 울고
하늘도 운다.

5월 아침 꽃길

5월 아침마다 걷는 꽃길
하얀 찔레꽃은 향기로
장미는 화려함으로
제 자랑이 한창이다

가지마다 솟은 가시는
감당 못할 사랑의 기쁨인가
안으로 삭힌 그리움인가

앞다투어 넝쿨을 타고
하얀 웃음 붉은 웃음
꽃불이 붙었다

상처 덧난 자리마다
숨죽인 불빛들
매일 아침 뜨겁게 배운다.

나를 꾸짖은 날

늘 나를 가꾸지 못해
시간에 끌려 다니던 날
초점이 맞지 않은 허리가 삐긋

발끝이 땅에 부딪치기만 해도
온몸에 바늘이 솟는다
처리해야 할 일거리는 널브러진 채로
나를 보채고 있다

몸을 자유롭게 움직일 수 있다는 행복을
다치고 나서야 깨닫는 어리석음
가벼운 동작일지라도
마음의 숲을 어루만지듯 해야
내 몸에 꽃등이 켜진다고
또 다른 내가 나를 꾸짖는다.

세월

살면서 힘들어지면
하늘을 세내어
구름 되어 누워볼까

앞만 보고 달려오다
가끔 뒤돌아 보면
아껴두고 싶었던 날들이
마음 한켠 시려와
때로는 가슴앓이도 하네

살다가
미처 깨치지 못한 어리석음
후회조차 발효된 세월
만족으로 채울 수 있을 때까지
하얀 속살로 쓴
시어나 자분자분 줏어야겠다.

그대를 사랑합니다(영화를 보고)

빛바랜 세월을 등지고
그저 정 하나로
외로움을 채워가는
달동네 좁은 골목 언덕에
속 울음 움켜잡은 투박한 사랑이
고운 눈빛으로 늘 서성거렸다

세상에 대한 원망이나 탄식 없이
부재의 시간들을
가슴에 곱게 담아 둔 사연들이
승화된 아름다운 사랑으로
꽃 피울 때

행여 자식들에게
아픔이 될까 봐
외등 불빛보다도
더 외로운 이름표를 달고
마지막 이별을 고하던 그리움들이

낯선 언어로
폐부 깊숙이 감춰진 눈물로 흐르던 날
짧아서 눈부신 꽃 계절에도
꽃잎은 붉게 지고 있었다.

제3부 가족이 있어

순리順理

해 뜨고 해지듯이
살았으면 좋겠다.
일상의 굴레를 벗어나려고
매달리는 것도
다 욕심이다
어둠 내린 창가에
둥근 빛 하나가
구름 따라 소리 없이 흐른다.
내게로 다가오는 그 빛
가슴속에
고요한 깨달음
존재하는 모든 것은
하늘이 보내 준 선물이다.

(2015. 1. 20 습관이 고쳐진 날)

잠시라도

그림자
발목을 잡는 시간
소망이 잠시 머뭇거리는 휑한 외로움

당신 또한 그럴 수밖에
없다는 것을
바로 내 탓으로
받아 드리는 오후
남들이 보기에는
아무 일 아닌
묵언으로 보이겠지만

차 한 잔 함께 하자는
당신 무료함에
눈물이 묻어나는
외로움이 긴 그림자를 짓습니다.

(2014. 8. 21)

컴퓨터 바둑

하루 일과를 마친 후
컴퓨터 앞에 미소 띠고 앉아
즐거운 마음으로
바둑싸이트 방문하고
방가, 방가 닉네임으로
만나는 정겨운 인사

잠시나마
일상에서 느껴보는 향기로운 시간
에누리도 덤도 없이
날줄과 씨줄의 모눈을 메우며
우열을 가늠할 수 없다가도
미세한 우위에 가슴을 펴는

당신의 바둑팬 구경 와 보니
서로 집 싸움 승패는 근소한 차이
아슬아슬 재미나는 인생판
하얀 돌 검은 돌

서로 몸 비비며 헤쳐 나가야할
오직 한 길 바둑같은 인생 길

한결같은 당신

하루 종일 시달리고
퇴근하는
가시밭길
지하철에 실려서 간다

그가 가야 할 곳은
아내가 기다리는 병원
삶보다는
죽음을 더 가까이 느껴 본
쓸쓸함으로
날마다 그가 재촉하는 길

하지 않으면
안될 의무처럼
무뚝뚝한 사랑으로
나를 버티게 해 준
슬프도록 깊은 마음
바라보기만 해도 고마운
한결같은 당신.

그대 사랑

빈 마음으로 세상을 바라보면
한없이 아름답고 따뜻해서
내 안에 고요하게
흐르는 물줄기가 행복이오

두렵고 설레이던 마음
어느날 사랑 가지에
무성한 잎으로 돋아나
기쁨이 자리한 순간
눈물겨웠던 가슴 녹아 내리고

꿈처럼 다가 온
따스한 가슴으로
사랑을 가르쳐 준 그대
그대란 선물이
내 안에 가득하다오.

외식

하루 한 끼 밖에서
때우는 점심은
어쩔 수 없다지만
하루 세끼를
외식으로 견뎌야 하는 건
뜻하지 않은 사고로
투병 생활을 하고 있는
사람과 같이 고통 중에 고통이지
인공 조미료가 가미되지 않은
정갈하고 소박한 밥상
집에서 먹는 밥이 최고지

처음 하루 이틀
별식을 즐기는 여기저기
가벼운 발걸음 다녔지만
오래 지내다 보니
판에 박히듯 가는 곳만 가게
된다는 남편의 투정

아내가 해 주는 밥
고단한 하루로 집안에 들어서면
모락모락 피어나는 향기
온기로 시작되는 요리
집 밥이 그립다나.

그때였지

서로 사랑하였던 기억
진실했던 우리 가슴은
눈꽃이 바람에
깃발처럼 휘돌던 그 때였지

아픈 마음 서로 보듬어 주며
등 따스했던 기억들이
영혼의 반짝임으로 빛나던 날은

내 생애의 한 계절
벗은 몸 벗은 발로도
춥지 않았던 그 때였지

가지마다 열린 꽃물결
너가 내가 되고
내가 네가 되던
지금도 입술이 젖는
울렁거림.

당신이기에

창가로 흐르는 촉촉한 햇살같이
살며시 손잡아 주는 모습이
새벽녘 구름 사이에 뜬 별 같은 당신

추운 날 아침 차 한잔 마주하며
부드러운 미소로 하루를 풍요롭게
시작하게 하는 당신

우리끼리 대화할 수 있는 공간이 되고
당신의 사랑과 배려를 느낄 수 있게
가족끼리 외식도 즐길 줄 아는 그런 당신

어느 한 계절
화사하게 피었다 시드는 사랑보다
저무는 들녘에 순수하고 자연스런
들꽃 같은 그런 당신.

반전反轉

"그가 무얼 하겠어."
실낱같은 희망을
붙잡아 보려고
힘겹게 찾아온 사람들에게
어둠 속 한 줄기 빛이
퍼지기 시작했다

소문이 소문을 낳는다고 했던가
그의 과거만 보았던 사람들
옛날 초가집이 아니고
빌딩 세상이라고 감탄만하더니

지인 한 사람이
온갖 짓을 다 해 봤지만
모진 통증에 이젠 체력도 시간도 돈도
더 이상의 해결책은 없다며
마지막으로 도움을 요청했다

그의 손길이 닿는 곳마다
혈이 흐르고 접혀 있던 신경이
나비춤을 추게 되자
그를 인정하기 시작했다

삶의 깊이를 가늠하지 못해서
아무렇게나
툭툭 던지고 간
야비다리한 언言어들로
마음 상하게 해서 미안하다고
머리 조아리고 있었다.

조용한 죽음

매일 가족의 활력을
향기로 불어 넣어주며
생기를 자랑하더니
주인 잃은 냉장고 속
죽거나 죽음 직전에 놓여 있다

나 자신도 감당하지 못할
세상 안에 살면서도
세상 밖 사람이었기에
사랑의 온기로
다독이지 못한 잘못

여름이 가고 가을을 지나
겨울이 닥치도록
캄캄한 공간
그들은 조용한 죽음으로
내 앞에 놓여 있다.

대들보

좋은 사람 만나
알콩 달콩 살아야 할 나이인데
어디서 헤매는 인연인지
늘 혼자 오는 걸음
퇴근길이 어미 병실

바쁜 제 한 몸
시간을 나누다 보면
지치기도 할 텐데.
표정만은 곧은 기둥

고생만 시키는
어미 꼴이 말이 아니구나
제자리만 맴도는 병실에서
그래도 아들 얼굴 보는 게
유일한 낙.

목석

두 군데가 부러진 왼쪽 내 다리
이식까지 했어도
동작에는 여전히 목석
혈액순환이 안 돼 뻣뻣한가
가까이 하기엔 먼 당신인가
붙어 있는 살인데
어찌하여 따로 노는 것인지
겉모양이야 어떻든
다리라고 느낄 수 있는
그런 감각이라도 있었으면 좋겠어.

가족

밤새 수술실을 지켜보느라
뜬눈으로 어둠을 지킨 남편과 아들
출근을 해야겠는데
간병인을 부르니
첫 번째 두 번째 방문한 사람
모두 줄행랑을 쳤단다

얼마나 처참한 몰골이면 그랬을까
그나마 세 번째 온 간병인이
몸소 하겠다고 해서 고마웠단다

평온한 일상에 날벼락
그 당시 얼마나 놀랐을까
당황했을 두 사람 입술이 타도록
너무 많은 짐을 안겨준 것 같아
마음이 편하지 못해
이루지 못하고 허공을 맴도는 잠.

가족이 있어

만약에 나 혼자라면
나날이 밥을 챙겼을까
더러는 까다롭고
소리 없는 투정에
짜증 나지만
요란한 설거지 소리에
두들겨 대는 도마 소리에
때절은 옷 하얗게 빨듯
나를 맡겼던
수십년의 세월

가족을 등에 업었으니
영양가도 생각하고
오늘보다 더 나은 내일을 위해
숨 죽였던 기억
정말 다행이다

살아가는 희로애락

그나마 연약한 건강도

그만하길 감사감사지.

(2015. 6. 4)

이불을 널며

눈에 보이지 않아도
죽음에 기대지 않는 것들이
명백하게 힘을 발휘 할 때가 있어
내 주변을 서성이던
실큼한 감정들조차
탈색시키고 싶을 때
햇살이 끌고 들어온 잊었던 기억을
오래 그리워했던 사람처럼 반기는 한낮
베란다 창가에 이불을 널다
울긋불긋 단풍의 화려한 영상이 새롭다

살아온 수많은 시간 중에
내 인생의 가장 아름다운 기억이 있었을까
이불을 널며 햇살을 즐기는 동안
창밖을 배회하던 소소한 것들조차
내 안에 사유의 언어가 됨을
그래 그냥 그렇게 흘러가듯이 사는거야
나를 유혹하는 가을에

풍덩 빠지고 싶은 어느 날.

(2014. 10. 29)

어머니의 강

밤마다 호롱불 아래
달빛이 강물 위에 외로이 뜨면
당신은 불면증만 깊어 갔지요

시름과 한숨은
강물을 닮아
끝없이 흘렀고

소금쟁이 잡으며 물장구치던
꿈 많던 시절에
우리는 당신의 슬픔이
가슴에 별로 뜨는 줄 몰랐어요

아버지 살아 생전
풋풋하던 향기는 어디 가고
주름 잡힌 웃음
자꾸만 작아져 가던 당신
우리에게도

흐르지 않은 강이 하나
생겼답니다.

아버지

일 년에 한 두번
종합검사 한번 받아보길 권해도
우직함으로 버티시다
생애 마지막 병원문을 두드리신 아버지

피붙이 도와주다 멍이 들고
허리 한번 제대로 펴지 못하시더니
검은 머리 흰 서리로 덮이고
훈장처럼 늘어난 주름살뿐

모두가 내 마음 같으신줄 알았지만
독한 술로 잊으려니 한숨뿐이고
사는 게 다 남의 일같아
늘 이방인으로 떠도시다
이 땅의 모든 인연의 줄을 놓으셨지만

사람은
조금 더 먹고 싶다 할 때

수저를 놓아야 한다던
생활 속에 배인 소박한
말 한마디가
베겟 머리를 적십니다.

제4부 이웃과 함께

한탄강에서

시한부 인생을 살고 있는 남자가
모처럼 가족들과 한탄강으로 놀러 나왔다
다정한 이웃들도 함께 했기에
끔찍이 외롭지는 않았으리라

자신을 아끼고 배려하는 그들한테
떠밀려 떠밀려 등 떠밀려 온 시간
잠시 동안의 여유 그것이 무슨 소용 있으랴
벌레 씹힌 가슴을 어디다 내놓아야 할지
메말라 가는 가슴 타듯이 조여 오는지
가장 쓸쓸한 아내에게 할퀴듯 투정을 부렸다

캠핑카 앞에 앉아 쉬는 것도
지나는 풍경을 바라보는 것조차도
마른 들판 한가운데 홀로 서있는 것 같아
그 동안 떨어진 눈물이 헛되지 않도록
세상이 펼친 슬픔 훌훌 벗으려면
“외로움을 무릅쓰고 휴양을 선택해요”

억지라도 이끌고 싶은 심령이건만

어쩌다 환하게 웃음 표정 속엔
꺼이꺼이 울고 있는 한 사내가 보여
그저 흐르는 강물만 쳐다 보았다.

(2008. 9. 7 투병중인 남편 친구를 보며)

출판 기념회

수액을 잔뜩 머금고
봄 햇살을 받아
잔뜩 부풀어진 어깨에
손님맞이 기대 속에
첫 시집 "목련꽃 사연" 은
세상 밖으로 수줍게 나왔다
아직은 서투른
날개짓이건만
풍성한 만찬에 음률이 되어
돌고 돌았다

들숨 가득
관객을 품고
날숨 가득 그려 놓은
시어의 세상

너와 내가 구분 없던
아름다운 세상

나누는 대화마다

문향에 젖은 꽃들을 보았다.

(2010. 3. 25)

휴일 나들이

동네 친구들과
어디라도 나서야
마음 후련해지는 휴일

경기도 가평군 외서면 하천리
마지기 마을 원조 장작 불 곰탕
한 사발로 가슴 덥히고

살아 숨 쉬고 있는
청평 강바람에
손잡고 걸어온 날들을
띄워 보내는 시간

오랜 세월 함께 해온
황혼 길에 실버들이지만
즐거운 상상 속
허기진 삶도 달래 본
즐겁던 나들이.

(2016. 3. 30)

보약으로

일급수에 놀던 붕어
자맥질을 잊고
서울까지 택배로 왔다

맑은 물속
수초 사이
유영하던 붕어를
한사코 붙들고
놓아주지 않던 태공의 마음
가지런히 담아
따뜻한 가슴을 전해 받았다

고마운 선물
낚시터의 풍경 속
멋진 모습이
혈관의 피돌기로
시작한다.

(2015. 6. 7 강원도 동생 훈의 선물)

까치와 뱀

지인들과 동이 호박 오리
맛 구경을 나선 날
둑방 풀숲에 까치와 뱀

약육강식의 본능일까
까치 두 마리와 뱀이 사투를 벌인다

까치가 꼬리 쪽에서 공격을 하면
뱀이 고개를 쳐들고 반격하고
까치 또 한 마리는 중간에서
송곳처럼 찍다가
한발 물러 날고
결국 뱀이 지친 듯
스르륵 스르륵
산의 능선같은 파동을 보이며
달아나 버린 한낮

오직 생존을 위해 사생결투를 벌이는

잔인한 떨림 앞에
내 어미의 모성이
가슴에 스며들 때마다
찬란한 세상의 또 다른 물음이
나를 적셨다.

(2013. 5. 5)

김장김치2

병문안을 못 와 미안하다는
핑계로 김치 한 통에
정성을 담아 들고 온 친구 숙이
덕분에 김장 걱정은 하지 않아도 되니
사람이 살게 마련인가
김장은 커녕 건강도 걱정인 내게
그나마 한 가지 걱정 덜어준 고마움
이럴 때 오로지 친구밖에 더 있는가
갖은 양념 속에 젖어 있는 친구의 마음
두고두고 잊지 못하리.

(2015. 11. 18)

간병

직업의식이 투철해
병실에서 다른 환자까지 돌보며
다른 이들과 우애도 두터웠던 그녀

백병원을 퇴원해서
2차 병원 옮기던 날
짐을 챙겨 직접 태워다 주니
고마웠고
추석 연휴 집에 와도 도움은 커녕
가족을 괴롭히기만 할 몸을
굳이 옮겨 놓아야 하니
손수 염치없는 몸이로다

시골 갔다가 무리해서 힘들건만
담는 김에 더 담았다는 김치 한 통
간병하기도 힘들었을 텐데
배려하는 마음까지 담겨있는 김치
오래도록 기억 되리라.

(2015. 10)

김장김치1

병원생활 사 개월이 지나고
통원치료 시기가 왔는데
아픈 몸 시달리기도
지칠 대로 지친 날
생각도 못하던 김장김치가
네 잎 클로버의 행운처럼
내 앞에 다가와 뚝 떨어졌다

모든 걸 포기하다시피
삶에 의욕이 없는데
어서 힘내라고
빨리 일어서라고
정성껏 보낸 강원도 동생의
매콤한 김치 향이 나를 다그친다

(2015. 11. 17)

병문안2

평소 가깝게 지낸 친구 딸과 사위
다소곳이 문안을 오니
냉랭한 하얀 침대 시트 위에
화사한 햇살이 비치며
두 손을 맞잡고 고마워했다
어떻게 친구의 딸과 사위까지
병문안이냐고 사람들은 말하지만
한 동네에서 이웃처럼 지낸 사이인걸.

병문안1

글 속에서 웃고 떠들던
문협 식구 하나 둘 방문해
심심풀이 말벗이 되어주니
빠른 듯 흐르는 소중한 시간
당현천에서 시심을 나누던 시 낭송
그 기억이 채 사라지기 전
열하루 만에 날벼락 같은 사고
때로는 문협의 모든 일이
순조롭게 잘 진행이 되고 있는지
마음 저곳에서 그려지지만
몸은 병실 제자리만 맴돌 뿐

10월 23일 수락산 디자인거리에서
제7회 천상병 문학제가 열리던 날
문협 식구들이 밀물처럼 몰려왔다
썰물처럼 빠지고 나니
겉으로만 보이는 그림을 그린
간호실장이 "인기가 좋으시네요."

달려가 함께 하지 못한
쓸쓸하고 헛헛한 마음은
함박웃음으로 한바탕
시 낭송을 읊조리던 그리운 그 시간.

운악산 봉선사

여유로운 날 당고개 넘어
드라이브를 나서면
서울에서 멀지 않은 거리
경기도 남양주군 진접읍에 있는 절

왕의 어머니인 정희대비가
죽은 남편 세조의 능을
운악산으로 이장하여 광릉이라 하고
세조의 명복을 비는 조선 초기의 동종을 세우고
'선왕을 받든다' 라는 뜻으로 절 이름을 붙였다 한다

6·25 때 전소 되었다가 다시 복원된
대한민국의 보물 제397호
넓은 주차장이 편리해서
가끔 들려 산책을 하기도 하는 곳
백팔번뇌를 다 품어 안아 혼탁해진 연못에
흰색, 분홍색, 빨강색
연꽃 위에 심청이가 앉아 있다

쑥덕대던 나뭇잎들이
낙엽으로 내려앉는 가을은
사그락거리며 밟히는 내 그리움에도
고요한 슬픔이 있다
꽃 단장 했던 그곳이
겨울엔 벌거벗고 누워있는 사유
텅 빈 물결 위로 겨울이 꿈틀댄다.

(이웃들과 자주 가는곳)

가까울수록

모습은 달라도
오랜 세월 함께 할 수 있었던 것은
산이 높으면 골이 깊듯이
마주 보며 이웃한 정이었다

어느 날
편견의 칼날로
마음을 할퀴고 지나갔다
명마는 타봐야 알고
사람은 사귀어봐야 안다
가까우면 가까울수록
지켜져야 할 예의가
좋은 약이 될 수 있다.

무우청 시래기

정성을 다한 마음을 담아 부서질세라
촉촉한 향기로 포장한 택배
나의 손길을 기다렸다

하루 정도 미지근하고
편안한 물에 침잠시키고
말랑하게 삶을 때
소다를 조금 넣기도 한다지만
아무런 것도 넣지 않는 것이
본연의 맛으로 좋을 듯하다

담가 놓는 동안에는 귀하게 시달렸으니
잡생각을 떨쳐 버리는 마음으로
서너 번 물을 갈아주고
집착으로 원심을 담은
그 강한 뚝심을 녹이려면
압력솥이 그만이라

삶아진 것을 실온에서
식을 때까지 기다려 주고
온화함으로 껍질을 벗겨주면
질기지 않고 촉촉하고
부들부들한 나물로 탄생한다

고소하고 감칠맛을 더해주는
들기름을 두르고
오메가쓰리가 들어 있는
들깨가루를 조금 넣고

양파와 마늘. 멸치, 다시마 육수를 넣어
달달 볶다가 국간장을 넣어
구수한 마음을 담아 간을 해 주면
선조의 지혜가 담긴 시래기 나물 탄생

손질하는 것이 완성의 절반이지만
시래기 나물의 영양을 생각하면

요것쯤이야 감수해야 하는 나의 먹거리

무청에는 암 예방에 도움이 되는
비타민 A, C가 특히 많고
칼슘, 나트륨 등 미네랄도 풍부하다니
겨우내 훌륭한 영양식탁이리라
특히 이 좋은 먹거리,보내 온 기특한 정성
두고두고 감사하며 생각하는 즐거움은 내 몫이다.
(2010. 12. 2 강원도에서 온 선물)

대조영 촬영장

안시성, 민가의 거리, 당나라 부잣집 등
주막 앞에 걸린 글귀보다
唐이란 글자에 이끌려
당나라 황궁에 들어섰다
대조영 드라마를 보고 왔더라면
더 좋았을 것을
늦가을 온기가 좋고
속초에 청정한 산소를 깊이 들여 마시며
지나간 역사 가물거리는 기억을 찾다보니
살아온 날들이 타인 같은 기분이다

한가로이 거닐다 보면
중국 베이징의 뒷골목을 걷는 듯
성안에 시골 초가집은
고구려 시대의 집이었을까?
안시성에서는 양만춘 장군이
당의 20만 대군을 막아 내었다든가!
겨레의 역사를 들쳐 업은 세트장

드라마를 못 보고
촬영장을 오게 되었지만
과거와 현실을 넘나들며
잠시 타임머신으로
역사의 흐름을 타고 다녔다.

(이웃 친구네와 함께 속초에서)

속초 해변

홍시가 더 이상 견디지 못하고
나무에서 떨어질 것 같은 늦은 가을날
1박 2일 코스로 속초 여행
톡 톡 튀는 팝콘처럼
마음이 마냥 부풀었다

복잡한 도심을 떠나
거닐게 된 속초 해변
짧은 시간이나마
일상을 저 만치 두고
홀로 떠나 온 것 같은 기분
바다는 활기차고 고요했다

신선한 해변의 공기
철썩거리며 와 닿는 파도 소리
비릿한 바다내음이
오래도록 잊고 지내던 기억들을
흔들어 댄다.

바다가 자꾸만 유혹을 하는
참으로 이런 날은
오한으로 밤새 앓아도 좋다.

(이웃친구네와 함께)

온 누리 장작구이

예전에 인기 없던 오리요리
맛깔스레 솜씨를 거듭하더니
한 끼니 메뉴로 각광

온 누리 장작 구이 간판 옆
"참나무향에 취한 돼지고기"
덧붙인 한마디가 입맛을 당기고
미사리 강변 풍경만 바라본다 해도
풍요로운 포만감을 대신 할 저녁 시간

이웃 친구네 대가족과 함께
모닥불 피어놓고 둥그렇게 둘러앉아
고구마 구워먹는 재미까지 향기 솔솔
도시인의 발목을 잡는 여유로운 발상
그 주인공은 누구일까

타닥타닥 장작 타는 연기를 맡으며
강변을 거닐어 보는 순간

"우리만 이렇게 누리고 있다니"
진분홍 하얀 철쭉 꽃길 물결 위로
일렁이는 내 어머니 얼굴.

(2007. 4. 29)

전원의 쉼터

복잡한 도시를 벗어나면
차창 밖으로 스치는 바람, 바람
솔솔 풍겨 들어오는 풀 향기가
코끝에 와 닿을 때마다
초록의 몸이 된다

오순도순 나누는
이야기꽃 속으로
파란물이 들고
사뿐사뿐
날아드는 새 한 마리도
입에 붓을 물고 있다

모든 일상의 이름들이
자연의 일부가 되는 이 곳
이름 모를 풀이라 해도 좋겠다
잠시라도 나를 잊는

자유로움이 있어 살만하다.

(이웃 친구의 전원에서)

제5부 문학기행

옻이 올랐다

식도를 넘어갈 땐
부드러운 꽃눈
몸 안에서는 등골 서늘한
비수의 한 획

톡톡 튀는 열꽃들
스멀스멀 혈관을 탄다
아픔은 불꽃을 다 소진할 때까지
나를 알고 덤비니 속수무책

"그래 그러려무나
"놈에겐 절정이 오더라도
난 더 억세게 참는 거야"

어둠 속에서 투쟁을 마친
화려한 붉은 꽃 속
다닥다닥 영역을 넓히며
고물고물한 벌레로

근질근질 가려움을 유발시킬 때마다
눈을 부라린
살을 찢는 분노에도 소용이 없다

진통을 휘발하며 열 뻗치는 소용돌이
밖을 보아도 안을 보아도 부종 투성이
죽어서도 아니 죽는 그놈은
온몸을 할퀴고도 모자라서
열꽃으로 눌어붙었다. 젠장

(2009. 5. 9 임진각 시화전에서)

11월의 자작나무 숲

눈이 내린 것도 아닌데
자작나무의 하얀 피부
강원도 인제읍 원대리
자작나무 숲 속

낙엽이 지고
쭉쭉 뻗은 키 큰 나무들
사이에 머문 고요함이
가슴을 열게 한다

파란 하늘마저
두 눈을 감은 곳
마치 다른 세상에 온 것처럼
바람도 서성이다
휑하니 발길 돌리는 곳

남은 세월이 많지 않아도
아직은 마음 뜨거운 정 하나

발걸음으로 남겨 놓는다.

(2014. 11. 8)

낙화암

4월의 햇살로 찾아본
백제의 역사가 흐르는 백마강
멸망의 한을 간직하고 있는 그곳

궁금했던 마음
눈으로 찍어놓고
몸소 체험하듯
백제의 궁녀가 되어
낙화암에 서보니
흘러가는 물과 그 물빛을 사랑하기엔
벼랑이 너무 높다

궁녀들을 위로하기 위해 지었다는 고란사
줄줄이 걸린 수많은 오색등이
그들의 넋을 달래줄 수 있을까
햇살에 부딪쳐 오는
백제의 혼이 물빛으로 빛나고 있다.

(2015. 4. 25)

충북 문학기행

가을 하늘빛이
내 마음 높이 띄우던 날
차창 밖 스치는 풍경에
느낌의 덫을 놓고
스스로에게 물어 본다
빈 껍질 같은 고독으로
때론 피멍이 들었던 마음들을
벗어 던지고 싶을 때
정지용의 향수가 그러하듯
실개천, 얼룩빼기 풍경이
아릿하게 그리웠는지 모른다
충북 영동 영국사 은행나무
옥천 육영수 생가, 천안 독립기념관
밤이 되면 별들이 쏟아져 내리고
풀벌레 울음소리
쓸쓸한 가을의 길목에서
만나 본 내 모습
바람 끝에 우는 한 잎 단풍이다.

(2013. 10. 19 문학기행)

삼척 애바위 전설

바다와 맞닿은 해신당 공원
해녀와 어부의 전설이 유래한다

애랑의 석고상은
애원하듯 오른손을 높이 들고
풍랑을 헤쳐 나올 것만 같은데
그 옛날 별과 달처럼
밤새 놀던 덕배와 애랑
그 흔적은 어디로 갔을까

바다를 걷던 풍랑
시린 물에 발 담그지 말고
구름 위로 물러나지
어이해 애랑을 삼켰단 말인가

남근숭배 민속이 전해져 내려온 곳
예측할 수 없는 바다 날씨에 두려움을 안고
살아가야 했던 뱃사람의 금기사항

해마다 남근을 깎아 신수神樹에 매달아
마을에 전통적인 민속행사로
처녀의 넋을 위로 했다니
그래서 남근 조각공원이 태어났구나!

슬프고 아름다운 옛이야기지만
이루지 못한 사랑이 혼불로 다가와
동해의 바닷바람을 맞으며 산책을 하는 듯
폭풍우가 치는 날이면
수평선 위에 햇살을 등에 업은 바다가
애랑의 애절한 외침 환청으로 들리리라.

(2014. 10. 11)

트렌스젠더

무대 위의 찬란한 조명과
화려한 의상
세계 3대 공연 중의 하나인
태국의 파타야 티파니 쇼

남자로 태어났지만
여자가 될 수 밖에 없는 기구한 운명
남자지만
여자일 수밖에 없는 몸짓

성전환자라고 소곤댈지라도
뇌쇄적인 관능미까지
한 사람 한 사람
지고한 예술

사람 사는 일이 운명이라 하지만
트렌스젠더 쇼
신의 장난 같은 몸짓에

우리는 그만

할말을 잃었답니다.

(2013. 11. 5 태국여행에서)

백담사百潭寺

대청봉에서 절까지
웅덩이가 백 개로 이어져
백담사라 이름 짓고
가야동 계곡과 구곡담을 흘러온
맑은 물이 합쳐지니
풍광과 경치가
영상처럼 펼쳐지는 속세가 아닌 속세

짧은 거리는 아닐지라도
백담사까지 7킬로 셔틀버스 15분 거리
몸은 버스에 안주해도 마냥 걷고 싶은 마음
시원스런 하늘과 웅장한 산새를 보는데
유난히 하얀 계곡의 바위들
석조등과 다리난간 석조다리
중생들의 손등 따스한 혈액의 흔적이 담겼을
만지면 툭 쓰러질 듯 한 수많은 돌탑

이름 없는 묵객들의 감탄사로 흘렀을

그 세월 얼마나 지나갔을까
만해마을 인북천 흐르는 물에
발을 담그니 물소리가 귀를 간지럽힌다
설레는 기대 속에 올라 와 보니
불교의 혁신과 더불어 '평화혁명'을 갈망한
만해 한용운의 사상과 문학이
곳곳에 숨어들어 담담히 차향처럼 번지고 있었다.
(2013. 7. 20)

경주 문학기행

신라 고도 경주의 천년 역사를
풀어놓을 듯 관광버스가 달린다
동리, 목월 문학관

경주가 배출한
한국 문단의 두 거목
분단의 시대를 살아왔던
두 작가의 생애는
사회를 풍요롭게 했던
민중들의 따뜻한 정서였다

아들 박동규 교수로서
박목월 아버지에 대한 강의
애잔한 집안 분위기와
잘 여문 사랑 자상한 아버지의 모습이
문향으로 배어 있었다

방안 가득한 고서들

책상 앞에 앉아 글을 쓰고 있었을
동리, 목월 두 작가의 체취가
스며나는 작은 방 양쪽에서
껌뻑껌뻑 등잔불만이
홀로 졸고 있었다.

(2013. 4. 13)

김시습

우리나라 최초의 한문소설
금오신화를 쓴
생육신의 한 사람

글재주와는 어울리지 않게
무반의 집안에서 태어나
3세에 시를 짓고 5세에 중용, 대학을
통달했다니 감탄사가 절로 나온다

가정적인 역경이 닥치지 않고
나라에 큰 인재로 쓰겠다는 세종이
사망하는 불행이 닥치지 않았다면
암흑 속에 빛이 되었을 사람

욕망이 들끓는 세상으로부터
자유롭기 위하여
구속되지 않는
구도의 길을 꿈꾸다

생을 마친 거인이다

(2012. 10. 20)

수덕사

수덕도령과 덕숭낭자의
애틋한 사랑이
하얀 버선꽃 전설로 피는
덕숭산 수덕사

이루지 못한 사랑이 전이된
바람도 심장을 움켜쥐고
나무들 사이에서
어찌할바를 모른다

가만히 속삭이며
떨어지는 가을볕은 신령한데
허공에 번지는 붉은 눈물
아직도 아픔을 털어내지 못하고 있나
아직도 털어내야할 그리움이 남았나
대웅전 추녀 끝에 매달린
풍경이 혼자 운다.

(2011. 10. 29)

방랑시인 김삿갓

과거 볼 자격 없는 몸
종을 따라 숨어 한 공부
다 무슨 소용이더냐

눈에 띄는 것과
마음에 걸리는
속세의 인간사
삿갓으로 가리고
속내를 털어 버리니
하늘과 땅이 하나로다

해학과 풍자로
빌어먹은 방방곡곡
시어로 누빈
청빈의 삶
뜬 구름되어 흐른다.

(2010. 4. 10)

김유정 문학 기행

김유정 어린시절의 실레마을
일명 시루 마을에 들어섰다
유명한 작품들의 무대가
마을 곳곳에 베어 있는 듯
진부한 사랑이야기나
솥의 이야기에선 가슴 답답한
그 시절 배경에 한숨과 웃음이 엇갈린다

짧은 유년기엔 행복 했지만
부모를 여읜 후 질병과 가난의 질곡에서
안식을 벗어나지 못한 불행
형이 부모를 대신해 주었더라면
얼마나 좋았을까하는 아쉬움
미움과 동정이 그 시대에 머물고
29세에 요절할 수밖에 없었던
퍼렇게 멍이든 그의 운명 안타까워라.

(2010. 11. 20)

철마는 달리고 싶다

계절마다
부딪쳐오는 바람따라
숨이 멈춘 이 곳
달리고 싶다
보고싶다

기적소리를 메아리로 삼아
고향소식 등에 업고
오고 가야할 그 길인데

철마는 오늘도 말이 없다
그 오랜 세월
녹슬은 기억들만
평행선으로 그어져 있다

어느 날인가
한 없이 달리는 그 날은
산천도 한 몸이 되리라.

(2008. 12. 20 월정리 역에서)

안동 문학기행

퇴계와 이육사의 고향
사군자 중에 으뜸인 매화가
먼저 마중을 나왔다
낯선 것을 마주 대하는
마음의 호사
기억의 갈피마다
소중한 사연 붙잡는
달콤한 유혹이다
시인에게 여행이란
비움을 채우는 길이고
억눌린 몸부림에 춤사위
오랜 질곡에서 벗어나고픈
용솟음치는 욕망이
길 위에 길을 만들며
내 혈관 속을 걸어다녔다.

(2011. 4. 9)

청평 모꼬지

희미한 달빛 아래
굽이치는 강물에서
옛추억을 더듬으니
낯설지 않은 그가
정말 오랜만이라고 손을 잡는다

한낮 햇살이 뜨겁던 여름날
오래전에 만났던 그를
사십 년 만에
서정 모꼬지에서 만나
그 옛날 그리움으로 강물 위에 섰다

산밑으로 돌과 나무와 풀 사이로
끊임없이 흐르며 그는 말하기를
지나간 삶은 추억 속의 그리움이고
현실의 삶은
탈색되어 휘날리는 허공의 빈 몸짓
채워도 늘 배고픈 그리움이란다.

(2010. 8. 20)

마츠야마성

전율 넘치는 리프트 대신
케이블카로 132미터를 오르면
산 위에 위대해 보이는 히메즈 성
1627년부터 25년에 걸쳐
축성했다는 17미터 돌담
비스듬히 올라갈수록 좁아지는
곡선의 성곽이 수려하다

전쟁 시 성을 지키던 총구멍들
무겁게 보이는 영주의 갑옷
그시대 혈투를 짐작케하는 칼 전시품
아마도 그 옛날 일본은
성을 쌓고 통상수교 거부정책을쓰지 않았을까
당시의 모습을 상상하게 한다

가장 높은 천수각이 있는 전망대에서
내려다본 마츠야마 시내의 모습
여러 모습이 한눈에 들어오는데

높은 곳에 올라 내려다보면
자연 앞에 초라하고
자꾸 작아지는 나의 모습
많은 생각을 눈에 매달고 한참 서 있었다.

(2010. 2. 15)

일본 도고온천

태평양과 유라시아의 경계지역
일본은 지각 밑에 맨틀 또는
마그마 활동이 많기 때문에
온천이 많은가 보다
일본식 실내복 유카타를 입은
그들은 편안해 보이는데
명주실 같은 물의 촉감으로
그들을 바라보며
어째서 나는 일본과 얽힌
과거의 우리나라를 생각하는 걸까

"다리에 상처를 입어 시름하던 백로가
바위틈새로 용출하는 온천물에
발을 담그고 난 후 상처가 나아서
날아갔다는 전설"만큼
3000년 역사를 자랑하는 그들
열대 정글처럼 꾸며 놓고
입욕을 좋아하는 그들의 문화

이슬비 오는 안개 가득한 산에
일본 고대의 향취가 흐른다.

(2010. 2. 14)

고석정孤石停

철원팔경 중
자랑하는 명승지
그 옛날
밤새 놀던 별과 달
역사를 품어 안았다
흐르는 물 양쪽으로
아래쪽은 절벽이요
절반 위쪽으로는
숲이 주는 고요함이다
하늘 건던 해님
시린 물에 한발 담그다
구름 뒤로 물러난다

추운 동절기에도
계절이 흘려놓은
조화로운 원색의 음표
기암의 양쪽 사이로
옥같이 휘돌아

흐르는 맑은 물
물 위에 팔랑 이던 낙엽 배
세월을 훑는 동행
철원의 자긍심을 보았다.

(2008. 12. 20)

이효석 생가

새하얀 눈가루를
뿌려 놓은 듯
그 위에 누워보고 싶은 마음
두근두근 낯설지만
메밀꽃 눈웃음을 바라보면
흰무리의 고요함이
달빛과 함께 다가와
가산의 시린 혼이
떠돌 것만 같다

물레방아 추억으로 돌고
콩 포기 옥수수 잎새가
그리움으로 푸르게 젖는데
새와 바람과 동무하며
더 많은 글을 쓰지 못하고
젊은 나이에 가버린 사람
사랑이여! 내 사랑이여!
못다 부른 그의 사랑가

새벽달 운무 저편에

사무치는 듯 펼쳐진다.

(2012. 10. 20)

서평

풀잎에 스미는 초록 빗방울

이훈식(서정문학발행인·시인)

먼저 류금선 시인의 두 번째 시집이 나오게 됨을 먼저 축하를 드린다. 다른 사람 같으면 창작의 의욕을 접고 조용히 반추해야 할 시기인데 불구하고 시에 대한 열망이 누구보다도 강한 시인이시다. 그간 살아온 삶이 순풍만 있는 게 아니고 돌풍도 태풍도 있었을 질곡의 시간이었을 텐데 그 요동치는 삶의 갈피마다 시심을 잃지 않고 진솔한 언어로 써낸 시들이 저마다 생명력을 가지고 우리를 감회에 젖게 한다. 시라는 장르는 함축과 은유를 통한 상상력을 필요로 하는 장르지만 시는 연륜과 함께 깊은 사유가 녹아 있지 않으면 감동도 깨달음도 없다. 시는 가장 압축된 언어로 인생을 말하고 그리움을 말한다. 요즘 시 중에는 너무 난해하여 몇 번씩 읽어 봐도 도무지 감이 잡히지 않는 시들도 많다. 그런 의미에서 보면 류금선 시인의 시는 화려하거나 덧칠한 장식이 없이 그 뼈대를 숨김없이 곱고 고운 정서를 우리에게 보여 주고 있다.

제1부

류 시인의 시는 노년에서 일반적으로 표출되는 회의懷疑나 좌절 혹은 포기나 소외의 정서보다는 의외로 희망과 열정을 그리움의 대상이나 소재로 삼아 세월이라는 거추장스러운 겉옷을 벗어버리고 소녀 가슴 같은 애틋한 시어로 삶을 노래하고 있다.

삶은 가끔 열병으로 앓아누워도
세상을 밝혀주는
그대 영혼의 향기를 기억하며
견딜 수 있음을 배운다.

-「라일락 향기처럼」-

어둠 속에서도

빛으로 오는 그대이기에
가으내 눈길을 멈추지 못하고
서성이던 것은

언제나 내가 그대를
그대가 나를 향해 있기에
오늘도 꿈속에서 꿈을 꾸듯
그대 사랑을 키우고 있네.

-「가을 여인」-

위의 시에서 시인은 회한이나 좌절의 감정이 아니라 유한성의 삶 속에서 부딪쳐오는 기억들을 가지고 그대라는 이미지를 통해 형상화 시킨 시어는 주어진 환경 속에서 매몰되지 않고 초연해 지고 싶은 욕망이 시어마다 가득하다 집착을 벗어나 여유로운 시각으로 대상과 사물을 그려내고 있다.「연꽃」「가을 일기」「석촌호수에서」「첫눈2」라는 시에서 보면 아직도 시 안에서 파란색 꿈을 꾸고 있는 소녀이고, 언어에 대해 시에 대해 시인이 품고 있는 창작에 대한 맑은 순정이 류 시인이 자랑할 수 있는 덕목이다

시의 형태나 언어 감각은 시대에 따라 변하기 마련이지만 시의 유행적 아류에 휩쓸리지 않고 자기의 감각과 그 정서를 살려낸다는 것이 결코 쉬운 일이 아니다. 그런 면에서 보면 류 시인은 살아온 삶의 무게와 그 부피를 가지고 삭힌 내면을 군더더기 없이 문자 언어를 통해 자기만의 그림을 그려내고 있다.

가슴 속 이간질
갈라지는 기침 소리는
가위눌린 영혼을 향해
뛰쳐나가야 한다고
내 안에서 아우성이다.

－「감기」－

기억의 길목 헤진 솔기마다
불규칙한 삶의 공전 궤도
지난 시간은 훌훌 털어버리고
세상 흐름 따라
하루하루를 최선으로 살아가야지

－「삶이란 그런 거」－

우리가 사물을 인식한다는 것은 우리의 오감(시각·청각·촉각·미각·후각)을 통해 사물이 투영되면 그간의 경험을 가지고 우리 뇌가 그려내는 작용을 말한다.

우리 류 시인은 누구나 겪는 일상의 일들을 아주 섬세한 언어(인식)로 그 의미를 부여하고 있다. 「희망사항」「일탈」「불혹」「우정」「불협화음」이라는 시들은 삶의 애증을 벗어나 짐 져야 할 무게를 역동적으로 풀어내고 있다. 소재는 단지 작가의 상상력에 의해 투사된 형상물이지만 그 안에 경륜이 묻어 있고 깊은 사유가 물들어 있을 때 우리는 감동을 받는다. 궁극적으로 시인은 모든 소재와 사물을 있는 그대로가 아니라 깊은 사유로 관조할 수 있을 때 시는 생명력을 얻는다고 말할 수 있다.

제3부

시인은 어떤 것이든 다 소재로 삼을 수 있다. 그게 자연이든 사람 사는 일상의 모습이든 시인 스스로가 소재의 내면의 세계를 들여다보며 질문을 하기도 하고 시어로서 답변을 찾아내기도 하는 것이다.

시를 쓰매 가장 중요한 부분은 그 소재를 향하여

가슴을 열고 그 소재와 합일하는 과정이 나타나는 시인의 진솔한 마음이다. 함께 몸담고 있는 가족들을 소재로 삼아 가족 한 사람, 한 사람의 구성원이 그저 바라만 보는 심리적 대상이 아니라 결국 한 배를 탄 너와 나의 관계가 아니라 우리라는 공동운명체라는 사실을 군더더기 없이 모성애가 가득한 맑고 밝은 시각으로 표출해 놓고 있다.

차 한 잔 함께 하자는
당신 무료함에
눈물이 묻어나는
외로움이 긴 그림자를 짓습니다.

-「잠시라도」-

하지 않으면
안될 의무처럼
무뚝뚝한 사랑으로
나를 버티게 해 준
슬프도록 깊은 마음
바라보기만 해도 고마운

한결 같은 당신

-「한결같은 당신」-

류 시인은 그 고운 정서를 바로 곁에 있는 사람에게 말하듯 감각적 이미지로 형상화 시키는 데 성공한 작가이다. 그저 소재가 주는 이미지에만 머물지 않고 내면적 사유를 가지고 다가서려는 모습은 시인이라면 누구나 간직해야 할 부분이다. 「외식」「그대 사랑」「그때였지」「당신이기에」「대들보」라는 시에서도 보면 작가의 진실성은 재능이나 기교에서 나오지 않고 대상이나 소재를 마주 보며 그 안에서 나만의 낯설음의 시어를 사랑으로 찾아낼 때 가능한 것임을 우리에게 보여 주고 있다.

제4부

시인의 시 정신을 이루는 텃밭은 자연이고 사람이다. 자연과 더불어 그동안 정으로 묶여진 친구와 이웃을 시 안에 끌어들여 마음을 교감하고 소통하며 시인 자신의 소망을 시어로 담아내고 있다. 베푸는 만큼 얻을 수 있는 이웃과 친구들을 통해 일상의 위로를 받고 그 마음을 주름진 세월에 훈장처럼 생각하는 시인의 시선이 참 따뜻하다.

오랜 세월 함께 해 온
황혼 길에 실버들이지만
즐거운 상상 속
허기진 삶을 달래 본
즐겁던 나들이

-「휴일 나들이」-

김장은커녕 건강도 걱정인 내게
그나마 한 가지 걱정 덜어 준 고마움
이럴 때 오로지 친구밖에 더 있는 가
갖은 양념 속에 젖어 있는 친구의 마음

-「김장 김치2」-

「간병」「보약으로」「병문안」「무우청 시래기」「대조영 촬영장」 등의 시를 보면 그 사유 중심에 화려함보다는 꾸미지 않은 순수성이 단아하게 빛난다. 억지로 채색시킨 언어도 아니고 숱한 세월의 강을 건너오며 오직 정 하나로 풍파를 헤쳐 온 모습이 있다. 아마 류 시인만이 가진 평범하나 평범하지 않은 정서이다

제5부

류 시인은 강산이 십 수여 차례 변하는 것을 몸소 지켜보면서 그 자신이 가파른 시대를 헤쳐 온 사유와 그 경험을 통해 그래도 아직은 살만한 세상이요 우리가 함께 가야 할 길임을 노래하고 있다. 세상을 부정적으로 보는 게 아니고 긍정적으로 보며 세상과 내 이웃을 아름답게 열린 마음으로 보는 시인의 시선이 참으로 신선하다.

궁금했던 마음
눈으로 찍어 놓고
몸소 체험하듯
백제의 궁녀가 되어
낙화암에 서 보니
흘러가는 물과 그 물빛을 사랑하기엔
벼랑이 너무 높다

– 「낙화암」 –

더 많은 글을 쓰지 못하고
젊은 나이에 가버린 사람
사랑이여! 내 사랑이여!
못다 부른 그의 사랑가
새벽달 운무 저편에
사무치는 듯 펼쳐진다.

– 「이효석 생가」 –

위의 시들을 읽어보면 지는 것이 이기는 법이고 높아짐보다 낮아짐이 더 큰 사랑의 가치임을 겸손이 이야기하고 있다. 시에 대한 열정 식지 않는 그 가슴, 주어진 소재와 대상을 객관자 입장에 서 있으면서도 자기화시켜보려는 노력이 돋보인다.「삼척 애바위 전설」「백담사」「김시습」「수덕사」「방랑시인 김삿갓」 시에서 보면 그냥 스쳐 지나가는 인연들이 아니라 나와의 소중한 관계로 바라보며 그 관계 속에서 작가 자신을 투영시키고 있음을 본다.

류 시인의 시 세계를 살펴보면 남보다 늦게 출발했는지도 몰라도 류 시인의 시가 우리에게 쉽게 다가올 수 있는 것은 현재에 머물지 않고 끊임없이 시어를 통해 자아를 찾아가는 구도자 같기 때문이다. 류 시인의 시에서는 순박한 웃음이 있고 누구나 안길 수 있는 포근한 가슴이 있다. 삶이란 명예나 권력. 소유가 많고 적음이 있지 않다. 일상의 작은 ㄴ것에서도 기쁨을 찾아낼 수 있다면 그게 시인이고 문학이 추구하는 가치이다. 나이는 그저 숫자에 불과하다는 말처럼 앞으로도 때 묻지 않는 시어로 많은 사람에게 사랑받는 시인이 되길 기원해 본다.

2016년 6월의 끝자락 용인에서 _ 이훈식